# PLAIDOYER

## POUR

# LE PEUPLE.

DÉDIÉ

à

Au Général Lafayette

PAR ALEXANDRE BRET,

DE LYON.

Qu'oses-tu demander, Cimber? — La liberté!

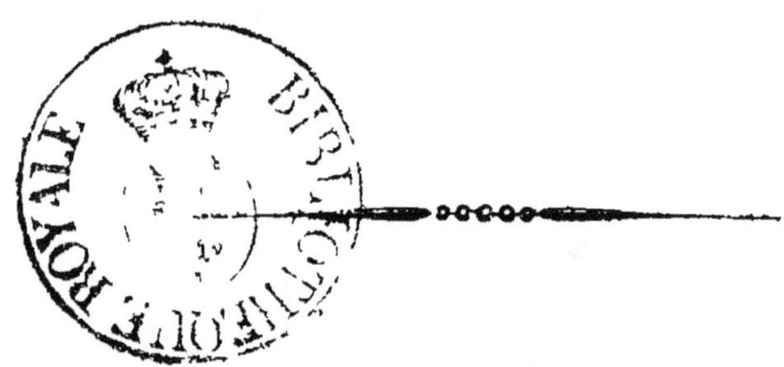

PARIS,

CHEZ TIMOTHÉE DEHAY, LIBRAIRE,

RUE VIVIENNE, N° 9 BIS;

ET CHEZ TOUS LES MARCHANDS DE NOUVEAUTÉS.

1830

PARIS. — IMPRIMERIE DE AUGUSTE MIE,
Rue Joquelet, n° 9, Place de la Bourse.

# Au Général Lafayette.

En traçant cet écrit pour la défense des droits du peuple, je songeais à l'offrir à un véritable ami du peuple. Pouvais-je chercher long-temps ? Veuillez donc, général, en accepter l'hommage.

Si c'est une liberté que je prends, ce n'est pas vous, général, qui me la reprocherez. Je suis Lyonnais : je fais partie de cette population généreuse qui, à une époque récente encore, époque dont votre âme patriotique fêtera bientôt le premier anniversaire, vous rappela, par son enthousiaste réception, votre dernier voyage au pays de Wasington, et peut-être même vous fit pressentir l'immortel événement qui vient d'avoir lieu ; car si le 29 juillet de Paris a eu une prophetie, il faut la chercher dans le 5 septembre de Lyon : la belle journée des bords du Rhône fut comme l'aurore du jour resplendissant qui a tout récemment éclairé les rives de la Seine.

Ainsi, général, vos vœux les plus chers, les plus intimes, sont désormais accomplis. Vieux nourrisson de la

Liberté, vous ne mourrez pas du moins dans l'esclavage.
La cocarde nationale brillera à votre dernier chapeau, et
le drapeau d'Arcole et des Pyramides vous servira de lin-
ceul. C'est un beau dédommagement, quoique tardif,
des tortures d'Olmutz et des insultes du pouvoir déchu :
le ciel est juste !....

Mais, général, vivez, vivez encore long-temps : vivez
pour la France qui vous aime, et pour la chambre qui
vous estime, et ne peut se passer, aujourd'hui surtout,
d'un guide sûr dans la route glissante de la liberté. Votre
nom est un symbole, et votre seule présence un avertis-
sement. Tant que vout siégerez dans la chambre, tout
député félon qui se sentirait entraîné, soit à outrepasser
son mandat, soit à sacrifier les intérêts du peuple aux exi-
gences du pouvoir, s'arrêtera comme malgré lui, en s'é-
criant dans un effroi secret : LAFAYETTE EST LA !!!....

Recevez, général, l'assurance de la parfaite estime et
de la haute admiration d'un citoyen libre.

ALEXANDRE BRET, de Lyon.

# PLAIDOYER

## POUR

# LE PEUPLE.

## INTRODUCTION.

*C'est bien décousu, mon fils*, disait Catherine de Médicis à Charles IX, après la Saint-Barthélemy; *mais ce n'est pas tout, il faut recoudre.*

Voilà en deux mots notre position.

Nous venons de découdre la tyrannie, prenons bien garde de ne pas recoudre avec l'arbitraire.

Ne décrivons pas l'immense événement qui vient de s'accomplir. Quand on est monté sur les glaciers des Alpes, la voix n'est plus, quoiqu'on fasse, qu'une muette et silencieuse admiration. Taisons nous donc sur ces immortelles journées de la fin de juillet, qui laissent loin derrière elles tout ce que la vie des nations a jamais produit d'extraordinaire et de sublime. Essayons seulement d'en apprécier en traits rapides les principaux résultats.

# CHAPITRE I.

## *Du gouvernement provisoire.*

Charles X tombe. Bien différent d'Henri IV, son aïeul, qui faillit rester au pied du trône pour ne pas vouloir entendre la messe, Charles en est renversé pour l'avoir trop entendue. Du reste, respect au malheur ; si la faute est grande, la punition est bien cruelle.

Un gouvernement provisoire est nommé en quelque sorte par l'opinion publique.

Il se compose : du général Lafayette, qu'on ne loue plus quand on l'a nommé ; du général Gérard, brave et noble débris du désastre de Waterloo, et du duc de Choiseul, ancienne illustration nobiliaire qui, par exception, a parfaitement compris les besoins de notre époque (1).

Ce gouvernement, institué par le peuple, agit aussitôt sur le peuple d'une manière presque miraculeuse. A sa voix, la turbulence des braves défenseurs de nos libertés a cessé, la garde nationale a reparu presque entière, l'emploi de la force armée s'est régularisé, les approvisionnements de Paris ont eu lieu comme à l'ordinaire, les bouti-

______

(1) Le duc de Choiseul avait été nommé à son insu. Il a réclamé contre l'honneur qu'on lui avait fait, mais il n'a rendu sa réclamation publique qu'après le danger passé. Honneur à ce trait de civisme !

ques et quelques ateliers se sont rouverts, en un mot, l'ordre public a été à peu près replacé dans ses gonds.

Au nombre des bienfaits du gouvernement provisoire, il faut encore placer la nomination immédiate d'hommes d'expérience, de popularité et d'honneur, aux divers ministères laissés vacants par la prompte fuite des titulaires de la façon du *comte d'Artois*.

Dans de telles circonstances, le gouvernement provisoire pouvait donc, environné qu'il était de l'estime et de la confiance des Parisiens, garder encore quelque temps la puissance publique. Il pouvait se mettre en rapport avec les départements et même s'y promettre pleine adhésion et entier succès. Le nom de Lafayette est aussi cher à Rouen, à Grenoble, à Lyon et ailleurs, qu'il est vénéré à Paris; mais malheureusement les choses ne se sont point ainsi passées. Le gonvernement provisoire, météore bienfaisant, n'a fait qu'apparaître sur l'horizon politique; il a été subitement éclipsé par un autre pouvoir, qui lui a dit tout doucement: *Otes-toi de là, que je m'y mette.* Voyons en peu de mots quel est ce pouvoir.

## CHAPITRE II.

### *De la Chambre des Députés.*

Au moment où le trône de Charles X croule avec fracas, une quarantaine de députés se trouvent à

Paris. Dès les premiers coups de canon, ces honorables membres font auprès des ministres incom-
patibles une démarche qui, heureusement pour la
France, n'a point de succès ; l'horizon national s'é-
claircit-il ? ils *causent en famille* de l'éventualité des
événements et de la haute mission qui semble les
attendre ; et enfin tout danger étant passé, la tranquillité se trouvant parfaitement rétablie, renfor-
cés qu'ils sont d'un certain nombre de députés tout
frais arrivés des départements, ils s'assemblent so-
lennellement et s'érigent en pouvoir politique. Ce
que le gouvernement provisoire a semé, ils le re-
cueillent : *Sic vos non vobis.*

A Dieu ne plaise cependant que je révoque en
doute le patriotisme et les bonnes intentions de ces
messieurs. S'il en est plusieurs parmi eux dont les
principes sont susceptibles de recevoir un contre-
coup fâcheux des grands événements qui viennent
de se passer, il en est aussi quelques uns dont le
nom seul est tout une une profession de foi. D'ailleurs, il vaut mieux voir la face d'une médaille
que le revers. Cette réserve établie, je me trouve
conduit à examiner, d'abord si cette fration de
députés est un pouvoir politique quelconque, et
ensuite quelle est la nature des premiers actes qui
sont émanés d'elle ?

# CHAPITRE III.

## *La chambre a-t-elle une existence légale ?*

Qui a convoqué la chambre des députés actuelle ? — Charles X. — Qu'est aujourd'hui Charles X ? — Rien. — La chambre doit donc subir le sort de son moteur ; l'effet doit disparaître avec sa cause. Cela est incontestable. Envisageons la question sous un autre point de vue : à quel pacte politique la chambre doit-elle son existence ? — A la Charte. — La Charte est-elle encore la loi de l'état ? — Non, évidemment, car celui qui l'avait jurée, l'ayant déchirée par un bout dans la journée du 25 juillet, le peuple, qui jusque-là s'y était soumis, acheva de la mettre en pièces dans les quatre journées suivantes. « Plus de conventions et de rapports écrits » entre nous, a-t-il crié au roi insensé qui trahis- » sait ses serments ; c'est l'épée qui va fixer nos » droits. Si tu triomphes, je gémirai sous ton pou- » voir absolu ; mais aussi si je suis vainqueur, je » te chasse et veux la liberté...» Le peuple a tenu parole sur le premier point ; puisse-t-il avoir autant de bonheur quant au second !!!

Ainsi la Charte de Louis XVIII ayant été déchirée par le souverain et par les sujets, cette loi écrite est nécessairement en lambeaux ; ainsi la chambre actuelle des députés est de plein et entier effet, nulle et non avenue : c'est un cadavre politique.

Mais les ambitieux qui peuvent en faire partie

ont argumenté, ou plutôt sophistiqué. Ils ont dit :
Les Parisiens veulent la Charte, puisqu'ils ont mar-
ché à l'ennemi au cri de vive la Charte ; puisque
c'est en proférant ce même cri qu'ils se sont empa-
rés du Louvre et des Tuileries, et qu'ils enfin ont
chassé les oppresseurs.

Cela est vrai, mais qu'est-ce à dire ? L'armée ci-
toyenne, surtout dans les journées du 27 et du 28,
ne se composait pas de politiques bien experts,
bien rafinés : des maçons, des artisans, des ou-
vriers, sont plus habiles à faire le coup de fusil ( et
Dieu merci, ils l'ont assez montré ) qu'à apprécier
la valeur d'un mot. Il fallait à ces braves gens un
cri d'union et de ralliement, et l'habitude d'entendre parler de Charte leur a fait adopter ce mot là.
Vive la Charte ! n'était à leurs yeux qu'un symbole;
il équivalait à Vive la Nation ! Vive la Liberté ! cris
qui d'ailleurs ont été eux-mêmes très souvent pro-
férés. Et ce qui prouve inviolablement cette asser-
tion, c'est que le vieux drapeau de 91, proscrit par
cette même Charte, que l'on dit aujourd'hui être
l'idole du peuple, était par le peuple même pro-
mené et hissé de toutes parts. Or, soyez consé-
quents : si vous voulez la Charte, cachez la cocarde
tricolore. Ces deux choses hurlent de se trouver
ensemble. Demandez plutôt au duc d'Orléans.
Ce prince continuerait-il à blasonner de fleurs de
lys son écusson, réhaussé qu'il sera désormais de
l'étendard de Jemmapes et de Marengo ?...

# CHAPITRE IV.

*Actes que pourrait se permettre la Chambre.*

La Chambre est sans droits politiques; elle a été tuée, au 29 juillet, du même coup que la royauté; c'est un fait reconnu par tout homme en qui l'ambition ne fait pas vaciller le patriotisme. Toutefois, je m'empresse de le reconnaître, cette Chambre pouvait s'assembler, non-seulement sans inconvénients, mais encore avec fruit et avantage pour la chose publique. Dans des jours de commotion populaire tels que ceux que nous venons de passer, les garanties d'ordre et de sécurité ne sont jamais trop nombreuses. Cette chambre ou fraction de chambre populaire, au moins dans la personne de quelques uns de ses membres, pouvait donc, se plaçant à un cran au-dessous du gouvernement provisoire, aider efficacement celui-ci dans le grand œuvre de la réorganisation de la chose publique. Elle pouvait, ce que du reste elle a fait, se substituer aux principaux emplois laissés vacants par les employés du régime détruit; il était encore de son essence de voter une adresse de remerciments et de félicitations à l'armée parisienne, elle pouvait même, par anticipation, lui faire entrevoir, dans un avenir prochain, une récompense nationale. Mais là se bornait à peu près la mission de la chambre; hors de là il n'y avait pour elle qu'illégalité et

usurpation, car si la légalité n'est pas précisément
de rigueur dans certains moments, et pour quelques actes, elle est essentiellement et toujours indispensable, et ce à peine de forfaiture, quand on met la main au pouvoir politique.

Et cependant qu'ont fait, dès leur première séance, les députés présents à Paris au nombre de quarante environ, sans songer qu'ils étaient incompétents, sans songer qu'un gouvernement provisoire existait et n'avait pas démérité, sans songer que le vœu du peuple n'avait pas été consulté? Ils ont déféré la lieutenance générale du royaume au duc d'Orléans. O bizarrerie incroyable! O inconséquence sans épithète! Un bon nombre des représentans des Cent jours, se trouvait là, se trouvait-là, et pas un seul, mais pas un seul n'a protesté! Aussi, tout bourgeois qu'il est, le duc d'Orléans a-t-il (qu'on me passe cette expression triviale) une fesse sur le trône; car de la lieutenance du royaume au titre de roi, qu'y a-t-il?

## CHAPITRE V.

*Profession de foi; rapprochement historique.*

Quelques personnes vont croire peût-être, en lisant la fin du chapitre précédent, que si je ne prêche pas pour le duc d'Orléans, j'ai mes raisons pour cela. Ces personnes se tromperaient grossièrement : *Nec beneficio nec injuriâ cognitus.* Assez d'autres puisent leur opinion dans leur intérêt ; quant à moi , bien que sans fortune et sans place , je puise la mienne dans ma conscience. Fais ce que dois, advienne que pourra.

Ce n'est pas qne je forme le moindre doute sur l'aptitude et la loyauté politiques du duc d'Orléans. Ce prince est en outre, et je m'empresse de le reconnaître un ami du peuple, un ancien défenseur de nos libertés. Il se battit à Jemmapes pour elles , et pour elles encore, il subit, il y a quelques années, une disgrâce de la cour. Je sais tout cela , mais tout cela ne m'empêche pas de m'étonner qu'on se soit tant pressé d'avoir un maître. Le duc était resté à Neully jusqu'au 31 juillet. Tranquille , il s'y livrait à son goût pour les arts et à ses jouissances de bon père de famille, lorsqu'une députation de la Chambre est allée mettre à ses pieds la couronne de France ; le prince l'a ramassée. On se baisserait à moins.

Voltaire, dans ses moments de bonne humeur, appelait les Français *ses Athéniens*. S'il revenait au monde, il ne révoquerait pas son mot, qui, s'il est un brillant éloge, est aussi une épigramme acérée. Lisez pourquoi.

La Grèce, délivrée enfin des Turcs, se voit bientôt imposer, sans être consultée, le fardeau d'un roi. L'Europe le veut. Que faisons-nous, nous Français? nous sifflons l'Europe , par la très bonne raison qu'un peuple n'est pas un troupeau de mou-

tons, et que c'est bien le moins qu'il puisse choisir
à qui il prodigue ses sueurs. Eh bien! ce que nous
trouvions humiliant pour la Grèce, nous le faisons
pour notre propre compte. Après quinze ans d'un
gouvernement *imposé*, des miracles d'intrépidité
rendent libre tout de bon un peuple généreux et
fier, et tout aussitôt nous poussons ce peuple, dont
nous faisons partie nous-mêmes, à prendre un nou-
veau roi, sans le laisser regarder seulement si ce
roi est grand ou petit, brun ou blond...

## CHAPITRE VI.

### *Objections; discussion.*

Mais j'entends d'ici murmurer en foule ces hommes à deux faces, qui, habiles à cacher leur ambition de courtisans derrière le voile menteur de leur
amour de la patrie, retombent toujours sur leurs
pieds après les plus grandes commotions politiques;
je les entends même s'écrier : « Un choix populaire
« était-il possible, puisque le moindre délai était
« un danger? Le moment n'était-il pas pressant?
« Paris n'était-il pas menacé d'anarchie? Ne fallait-
« il pas avant tout élever un phare pour ramener
« au port les Parisiens balottés par quatre jours de
« tempête? »

Non, répondrai-je à ces hypocrites de patriotisme, le moment n'avait rien de pressant, Paris
n'était point menacé d'anarchie, car l'armée ci-

toyenne avait montré que l'enthousiasme même du combat n'excluait point en elle l'instinct de la sagesse..D'ailleurs le gouvernement provisoire était en fonctions, il était investi de la confiance publique ; les citoyens, de plus en plus calmes à mesure que fuyaient les sbires du pouvoir absolu , l'aimaient et lui obéissaient : il était donc le phare naturel de la tranquillité et de l'ordre , puisque phare vous voulez qu'il y eût.

Mais je vais plus loin, et abondant de propos délibéré dans le sens de mes antagonistes, je leur dis : Vous songez à conférer la lieutenance-générale du royaume, et vous avez raison : c'est une mesure de haute politique qui ne peut qu'affermir la tranquillité dans la capitale , et éteindre tout principe de guerre civile dans les provinces. Ce sera comme un faisceau qui réunira les cœurs et les vœux de tous les Français. De plus, les puissances étrangères, car il faut bien aussi songer à elles , ne pourront voir dans cette importante nomination qu'un gage de sécurité et de paix, et comme une espèce de déclaration que vous ne songez pas le moins du monde à troubler leur cher *statu quo*.

Je vous accorde donc l'élection d'un lieutenant-général du royaume ; je présume même que nous serons parfaitement d'accord sur le candidat. Il n'est en effet qu'un homme en France à qui cette haute dignité convienne, et cet homme, qui a grandi avec notre première révolution, qui lui a donné

des gages, et des gages hélas trop **douloureux**!
vous l'avez nommé avec moi, c'est le duc d'Orléans.
— Mais le mode d'élection que vous comptez em-
ployer, quel est-il? — La Chambre des Députés,
ou à défaut une petite fraction de cette chambre...
— Ingrats! le peuple vient de vous affranchir de la
tyrannie, et peut-être au moins par rapport à plusieurs d'entre vous de la proscription; son sang
versé pour la cause de la liberté fume encore dans
les rues, et quand il s'agit de lui donner un chef,
vous ne daignez pas même lui demander son avis!
— Mais la Chambre des Députés est une émanation
du peuple? — Je vous ai montré tout à l'heure que
la chambre convoquée par Charles X était tombée
avec lui; et d'ailleurs est-elle vraiment l'expression
du peuple, une chambre à la formation de laquelle
ont pu concourir les seuls citoyens qui payaient
300 francs d'impôts? Comptez les morts de ces
jours derniers, recensez leurs fortunes, et dites-
moi si ce sont ceux qui sont les plus pauvres en ar-
gent qui sont les moins riches en courage. Or, n'é-
tait-il pas juste de dire à tous les Parisiens domici-
liés : « Un scrutin est ouvert à chaque mairie pour
« telle nomination, allez voter; vous l'avez bien
« gagné. Celui que vous choisirez, quel qu'il soit,
« pourra se dire au moins avec vérité : JE SUIS L'ÉLU
« DU PEUPLE!!! »

# CHAPITRE VII.

## *Quelques stipulations de la liberté.*

Dans sa proclamation, le lieutenant-général du royaume a dit : *La Charte sera désormais une vérité.* C'est, ce me semble, *une* charte qu'il fallait dire ; car la Charte de Louis XVIII, quelque bien observée qu'on la suppose, étant assise sur le principe monarchique , témoin la déclaration de la Chambre des Pairs : *La monarchie est la base de nos institutions ;* cette Charte, dis-je, ne nous convient nullement aujourd'hui. Il faut que le principe démocratique prédomine sur le principe opposé ; il faut que la souveraineté abstractive réside dans le peuple, et non ailleurs ; il faut que la démocratie *soit la base invariable de nos institutions ;* nous voulons une Charte de 91, et non de 1814 ; il faut, en un mot, que le sang versé ces jours derniers fasse reverdir pour jamais l'arbre précieux de la liberté.

Diplomates , Commission du gouvernement , Chambres des Pairs ou des Représentants , il n'importe, mettez-vous donc à l'œuvre ? Pondérez avec sagesse et maturité une constitution nouvelle, que vous présenterez à la sanction nationale ; mais songez à ces stipulations que messieurs les députés présents à Paris n'ont pas même indiquées dans leur PROCLAMATION AU PEUPLE FRANÇAIS :

*Point de pairie héréditaire, et partant point de*

*majorats*. La pairie doit être le prix du mérite, et non pas le privilége de la naissance. Un pair de beaucoup d'esprit peut avoir pour fils aîné, et cela se voit, une bête pommée. Quant aux majorats, ils sont d'essence essentiellement inique : ils sont une branche gourmande de l'immorale loi du *droit d'aî-nesse*.

*Point de noblesse d'hérédité ni de concession*. L'illustration s'attache assez aux noms qui la méritent. Est-ce que le titre de duc ajoutait quelque chose à l'opinion qu'on avait des vertus de Larochefoucault-Liancourt? Est-ce que Lafayette n'est pas réputé le plus grand citoyen de France, malgré qu'il ait répudié depuis tantôt quarante ans son titre de marquis? disait-on, le comte Léonidas, le baron Thémistocle, le vicomte Régulus?...

*Point de droit de faire la paix, la guerre, et autres grandes transactions d'intérêt public*, accordé au chef de la nation. L'abandon de Saint-Domingue pour une somme qui ne sera jamais payée, et l'expédition d'Alger faite sans vote de fonds, sont des leçons que la France ne doit point oublier, et dont ses représentants devront en temps et lieu se ressouvenir.

*Point de religion de l'État*. Ce mot, introduit dans la Charte de 1814, a fait éclore, avec les missions, l'intolérance monstrueuse du clergé. Il faut des prêtres au Dieu qui meut le monde, et vient de nous rendre la liberté, mais il est urgent qu'ils restent dans le sanctuaire. Il est indispensable aussi que l'État leur donne de quoi vivre, afin qu'ils ne montrent plus aux yeux des chrétiens une des plaies les plus hideuses de la religion, je veux dire le *casuel.* Tant pour un baptême à grand carrillon; tant pour un baptême ordinaire; tant pour un enterrement de $1^{re}$ classe; tant pour un enterrement de $2^e$, de $3^e$ et de $4^e$ classe; et le pauvre, tout-à-fait pauvre, qui ne peut rien donner, qui l'accompagne au dernier asile?.., Hélas! personne, pas même un enfant de chœur! On le jette dans un tombereau comme un chien, et comme un chien aussi on le jette dans un trou.... *proh! religio! proh! pudor!*

# CHAPITRE VIII.

*Mollesse de la Chambre des Députés en général; exception.*

Ô Foy! ô Manuel! ô mânes illustres d'hommes vraiment citoyens, si vous avez tressailli de joie au triomphe de la cause sublime de la liberté, peut-être n'avez-vous pu vous défendre de quelque douleur en contemplant l'attitude de la chambre des députés, dans sa séance du 30 juillet. Vous y avez entendu nombre d'orateurs du pouvoir, mais combien y avez-vous applaudi d'orateurs de la liberté? Lafayette lui-même, le héros des deux mondes, avait, peu d'instants avant, envoyé sa démission de chef du gouvernement provisoire. Enveloppé de son manteau et blotti dans un coin, il s'écriait sans doute comme Caton d'Utique : *ô vertu, tu n'es donc qu'un vain nom !...*

Cependant la proclamation qu'on y a lue commence on ne peut mieux : la FRANCE EST LIBRE, mais c'est tout. *Mulier desinit nipiscem.* Le reste offre la simple nomenclature des mêmes garanties que nous demandions à Charles X, et que nous aurions obtenues tôt ou tard :

La garde nationale ;

La loi départementale et municipale ;

Le jury appliqué à la presse ;

La responsabilité des ministres ;

L'état des militaires assuré ;

La réélection des députés nommés à des fonctions publiques.

Le tout finit par cette formule sacramentale empruntée à la proclamation du lieutenant-général du royaume, et dont on se sert comme une selle à tous chevaux : *la Charte sera désormais une vérité.*

Et de quelle Charte voulez-vous parler ? de celle de Louis XVIII sans doute ? Eh bien ! encore un coup, le peuple qui ne l'a pas violée le premier, l'a de son côté foulée aux pieds ; il n'en veut plus à aucun prix. La France, qui a obéi pendant quinze ans à une Charte *octroyée*, prétend en octroyer une à son tour. Toutefois, je dois me hâter de le dire, parceque je suis heureux de le penser, la

Chambre tout entière n'a pas donné son adhésion à cette proclamation boîteuse et décevante, lue avec emphase par M. Guizot. Si nombre de membres ont claqué des mains, il en est plusieurs qui se sont tus, et qui par cela même ont protesté. Le silence d'un orateur a aussi son éloquence. Eh !.. comment voudrait-on que les Benjamin Constant, les Étienne, les Périer, les Kératry, et autres membres formant naguère ce que la *Gazette* appelait par mépris la *montagne*, oubliassent en un instant leurs quinze ans de lutte et de patriotisme ? Comment serait-il possible que libres aujourd'hui des fers dont un pouvoir tyrannique cherchait ces jours derniers à les écraser, ces députés patriotes tendissent volontairement les mains à ces mêmes fers qu'un autre pouvoir caressant peut-être parce qu'il est au berceau, fait semblant de dériver ? Non, les vieux rédacteurs du *Nain jaune*, du *Courrier français*, de la *Minerve* ne se conduiront pas ainsi : ils se garantiront de la contagion des Duplessis-Grenedan, des Berryer, des Dudon, et des Conny ; ils se souviendront que la France les regarde et que leurs ennemis les épient.

## CHAPITRE IX.

*Opinion de M. Lafitte ; ouverture de la Session ; réflexions ; conclusion.*

J'ai dit que la Charte de 1814 était en lambeaux, et que par suite la Chambre des députés n'avait point d'existence légale dans la rigoureuse acception du mot. J'ai rassemblé peu de raisonnements pour prouver ces propositions, car on ne prouve pas, que je sache les axiômes. Néanmoins, si par impossible, quelques esprits se montraient rebelles à l'évidence, j'appellerais à mon aide un député connu et par son immense fortune et par son dévouement invariable à la chose publique : j'ai nommé M. Lafitte. Or, voici ce qu'a dit cet honorable représentant dans la séance du 31, séance que lui-même présidait.

« Ne serait-il pas convenable, messieurs, que
» nous émissions une adresse, une proclamation
» ou un écrit quelconque afin de calmer les inquié-
» tudes et l'effervescence qui agitent encore la ca-
» pitale. Nous avons tous été surpris par des évé-
» nements qu'il ne nous était pas donné de prévoir.
» Nous nous croyons sous l'empire de la Charte :
» forts de l'opinion publique, nous attendions le
» 3 août. Vous le savez, nos lettres closes nous
» ont été remises en même temps que les ordon-
» nances du 26. *Mais ces ordonnances ont détruit*
» *la Charte* : au règne des lois on a substitué la
» guerre civile. De là les catastrophes et les prodi-
» ges dont Paris a été le théâtre. Ne vous paraît-il
» pas convenable de dire à la France ce que vous
» avez cru devoir faire dans ces circonstances? *Il*
» *ne s'agissait plus pour vous de l'égalité, vous*
» *n'aviez plus à remplir vos devoirs ordinaires de*

» *députés* : il s'agissait de sauver la patrie, **de sau-**
» ver les propriétés publiques et privées.»

Ainsi la Chambre des députés est illégale, des plus illégales, je l'ai montré, et un de ses plus honorables membres l'avoue.

Toutefois ne soyons pas trop rigoureux. Souvenons-nous que les événements ( le drame de ces jours derniers nous le prouve assez) sont par fois plus forts que les hommes. A l'imitation des archontes qui en quelques occasions laissaient dormir les lois, laissons sommeiller un instant la légalité, aussi bien la liberté est là qui va la réveiller.

La session s'ouvre.

Environ 300 pairs ou députés sont présents.

Le lieutenant-général du royaume prononce un discours d'ouverture.

En lisant la proclamation de ce prince, j'avais dit : Hélas !...

En entendant son discours, je m'écrie involontairement : Holà !...

Le duc d'Orléans n'est que Charles X, rentré enfin dans la Charte monarchique de 1814.

O amis perfides ! ô bas flatteurs ! qu'avez-vous fait du vieux guerrier de Jemmapes ? qu'avez-vous fait du noble exilé de Londres ? qu'avez-vous fait du courageux et constant protecteur des députés de l'opposition ?

Le prince part, il est parti ;

Que décide la Chambre des députés? **va-t-elle à**

l'instant même proclamer qu'elle n'exerce qu'un pouvoir temporaire? qu'elle n'est pas un corps constitué, et qu'à plus forte raison elle n'a pas qualité pour devenir corps constituant?... annonce-t-elle que vu l'urgence, elle se contentera seulement de délibérer et de voter une *loi d'élection populaire*, afin qu'une nouvelle Chambre puisse traiter légalement les grandes questions politiques que le triomphe récent de la liberté a mises à l'ordre du jour? Non, la Chambre des députés ne fait rien de tout cela. Persuadée que tout est pour le mieux, dans le meilleur des mondes possibles, elle s'applaudit, se frotte les mains, et semble se préparer à fournir jusqu'au bout sa carrière législative.

Et de son côté la Chambre des pairs prend-elle quelque détermination patriotique? parle-t-elle de dissolution, ou tout au moins les pairs qui composent la fameuse fournée des 76, parlent-ils de faire retraite devant le régime de véritable légalité dont l'ère doit dater du glorieux mois de César? Nullement. Leurs seigneuries anciennes et récentes gardent à la fois leurs fauteuils et leurs dotations. Elles semblent se dire en souriant : Les événements de ces jours derniers n'ont rien changé : *il n'y a en France qu'un Français de moins.*

Qu'est-ce que tout cela deviendra? continuerons-nous à être régis par la Charte monarchique de 1814? les trois couleurs pactiseront-elles avec ces mêmes lys qui les ont si long-temps proscrites?

le sang des braves Parisiens dessèchera-t-il sans fruit sur les racines de l'arbre de la régénération politique? A cette triple question la voix des ambitieux nous répond : Oui ! oui !...; la voix d'Orléans nous crie : Non ! non !... Amis, croyons en Orléans, il ne nous a jamais trompés, du moins lui; l'enfant le plus connu, le plus élevé de la révolution, ne saurait souffrir que qui que ce soit jette un crêpe funèbre sur la noble et immortelle statue de la liberté.